위대한 인류의 생명

# 벼와 쌀, 그리고 밥 이야기

위대한 인류의 생명

# 벼와 쌀, 그리고 밥 이야기

초판 1쇄 발행 2013년 7월 8일
초판 5쇄 발행 2017년 10월 30일

글쓴이 | 이상배
그린이 | 정순임
펴낸이 | 박선희
펴낸곳 | 해와나무
편집 | 김경아, 한유경
디자인 | 김선미
마케팅 | 이택수
관리 | 김사라
출판 등록 | 2004년 2월 14일 제312-2004-000006호
주소 | 서울특별시 영등포구 양산로23길 17 2층
전화 | (02)362-0938, 7675
팩스 | (02)312-7675
ISBN 978-89-6268-110-9 73400

ⓒ 이상배, 정순임 2013

- 값은 뒤표지에 있습니다.
- 책 내용의 일부 또는 전부를 인용하거나 발췌하려면 반드시 저작권자와 출판사 양측의 서면 동의를 구해야 합니다.
- 해와나무 도서 판매 수익금의 일부는 한우리봉사단과 아름다운재단 등에 기부되어 소외 아동과 청소년을 위해 사용됩니다.

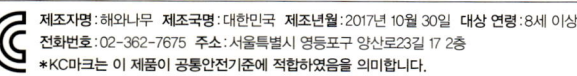

제조자명:해와나무 제조국명:대한민국 제조년월:2017년 10월 30일 대상 연령:8세 이상
전화번호:02-362-7675 주소:서울특별시 영등포구 양산로23길 17 2층
*KC마크는 이 제품이 공통안전기준에 적합하였음을 의미합니다.

위대한 인류의 생명

# 벼와 쌀, 그리고 밥 이야기

이상배 글 | 정순임 그림

해와나무

| 지은이의 말 |

# 인류의 으뜸 양식, 쌀

'쌀'은 양식입니다. 양식은 '사람이 생존하기 위하여 필요한 먹을거리'인데, 그중에서도 쌀은 으뜸입니다.

쌀은 곧 '밥'입니다. 사람은 밥을 먹고 살지요. 특히 우리는 밥을 하루라도 안 먹으면 못 삽니다. 왜 꼭 먹어야 할까요?

먹을거리 중에서 밥이 최고로 맛있습니다.

한 공기 먹으면 기분 좋게 배부릅니다.

영양가가 최고입니다.

밥맛은 아무리 먹어도 질리지 않습니다. 아침에 먹고, 점심에 먹고, 저녁에 먹고, 365일 매일같이 먹어도 맛있습니다. 이렇듯 쌀은 우리에게 없어서는 안 되는 생명의 양식입니다.

우리 조상들은 쌀에는 '곡령'이 있다고 믿었습니다. 쌀 한 톨을 얻기 위해 농부들은 봄, 여름, 가을, 겨울, 하루도 쉬지 않고 땀 흘려 일합니다. 땅을 일구고 거름 주고 김매고 물을 대줍니다. 쌀 한 톨마다 농부의 손길이 여든여덟

　번이나 닿는다고 하였습니다. 이렇듯 쌀을 생산하기 위해서 농부들은 온 정성을 다하니, 어찌 거기에 영혼이 없다 하겠습니까.

　이 책에서는 쌀이 생산되는 과정을 계절별로 담았습니다. 지금은 쌀농사가 기계화되었지만, 쌀을 생산하는 농부의 모습을 그리기 위해 옛 농사법을 이야기로 다루었습니다.

　저는 시골에서 농부의 아들로 태어나 어린 시절부터 어린 일꾼으로 농사일을 도왔습니다. 평생 농부로 고된 일을 하고 가신 아버지의 모습을 떠올립니다. 일찍이 땅의 고마움과 근면함을 일깨워 준 아버지께 감사드립니다.

2013년 여름
이상배

| 차 례 |

• 지은이의 말 _4

## 나, 한 톨의 쌀이야 ............................ 8
알고 보면 더 재미있어요 | 쌀은 무엇일까요? _16

## 한겨울에도 농사꾼은 쉴 새가 없어 ...... 18
알고 보면 더 재미있어요 | 농사를 짓는 데에도 도구가 필요해요 _24

## 황소처럼 일하는 농부 ........................ 26
알고 보면 더 재미있어요 | 24절기와 농사 달력 _32

### 부지깽이도 바쁘다 ............................ 34
알고 보면 더 재미있어요 | 벼는 어떤 식물일까요? _42

### 농부의 발자국 소리 ........................ 44
알고 보면 더 재미있어요 | 논에는 무엇이 살까요? _52

### 어정 7월, 건들 8월이라 ...................... 54
알고 보면 더 재미있어요 | 벼는 버리는 게 하나도 없어요 _62

### 어거리풍년일세 ................................ 64
알고 보면 더 재미있어요 | 쌀로 만드는 음식은 무궁무진해요 _72

### 쌀은 인류의 생명이야 ....................... 74
알고 보면 더 재미있어요 | 논이 겨울잠을 자요 _80

• 쌀의 상징과 문화 _82   • 쌀과 밥에 관한 속담 _85

## 나, 한 톨의 쌀이야

'쌀' 하면 무엇이 떠오르나요? '밥'이 떠오르지요? 우리들은 매일 밥을 먹어요. 그래서 '삼시 세끼'(아침, 점심, 저녁으로 하루 세 번 먹는 밥)라고 하지요.

옛날에는 이 삼시 세끼 밥을 못 먹는 일이 많았어요. 가난했기 때문이에요. 가난하다는 것은 양식이 없어서 밥을 못 짓는 것이었어요.

밥 중에서도 '쌀밥'을 먹는 것은 큰 복이었어요. 보리쌀로 지은 꽁보리밥을 먹고, 노란 조로 지은 조밥을 먹기도 했는데, 끈기가 없이 푸슬푸슬하여 숟갈에 떠지지도 않았어요.

옛날에는 이렇게 삼시 세끼를 밥으로 차려 먹는 것만 해도 감지덕지했어요. 쌀이나 보리가 없어서 밥을 해 먹지 못하고, 아침에 수제비를 해 먹기도 했지요. 농사짓는 아버지한테 정말 고마워할 일이었지요.

정말 옛날 이야기 같지요? 하지만 그리 먼 옛날의 이야기가 아니랍니다.

자, 퀴즈 하나 내 볼까요?

세상에서 가장 듣기 좋은 세 가지 소리가 무엇일까요?

엄마가 말했어요.

"아기 젖 먹는 소리요."

맞아요. 아기가 젖을 쭉쭉 빨아 먹으면 건강하게 쑥쑥 자라겠지요. 그러니 엄마가 얼마나 기쁘겠어요.

다음은 아빠가 말했어요.

"아이가 책 읽는 소리지요."

맞아요. 자식이 소리 내어 책을 읽는 모습을 보면 얼마나 흐뭇하겠어요.

마지막으로 농부가 말했어요.

"논에 물 들어가는 소리가 제일 좋지."

맞아요. 물이 봇도랑(논에 물을 대기 위해 냇물을 막아 만든 좁은 개울)에서 논으로 콸콸 흘러 들어가는 소리는, 곧 한 해 논농사가 잘될 것이라는 희망의 소리지요. '논농사'는 바로 '벼농사'를 말하고, 벼는 곧 '쌀'을 말하며, 쌀은 '밥'을 말합니다.

그러면 밥은 무엇을 뜻할까요? 우리의 목숨, 생명을 이어가게 하는 것이라고 할 수 있어요.

쌀은 우리에게, 모든 인류에게 생명을 주는 귀하디귀한 양식입니다.

이처럼 소중한 쌀 한 톨이 우리 밥상에 어떻게 올라오게 되는 걸까요?

이 이야기를 들으려면 아무래도 '쌀'한테 직접 듣는 게 좋겠지요? 그리고 쌀농사를 직접 짓는 농부의 이야기를 들어도 좋겠어요.

그러기 위해서는 '농사의 역사 여행'을 해야 합니다. 꽁보리밥과 조밥을 먹던 시절이 그리 먼 옛 이야기가 아니라고 했지요? 쌀이 오랫동안 인류의 양식이었던 만큼, 농사 이야기도 바로 그 시절로 돌아가 그때의 이야기를 들어야 생생하고 실감이 나겠지요. 자, 이제부터 꽁보리밥 먹던 시절로 가 보도록 해요.

나는 한 톨의 '쌀'이야.

쌀이 무엇인지, 어떻게 생겼는지 모를 리는 없겠지? 하루라도 나를 안 만날 수는 없으니까. 자주 보지 못했을 수는 있을 거야. 햄버거나 라면, 피자나 파스타 같은 것만 먹으면 나와 친하지 않을 수도 있으니까. 하지만 한 번도 못 볼 수는 없어. 왜 그런지는 잘 알겠지? 밥을 안 먹고는 못 사니까.

자, 이제부터 재미있는 쌀 이야기와 농사 이야기를 시작할게.

복조리 사려

새해가 되면 첫 번째로 "복 많이 받으세요."라는 인사를 하지. 그런데 이 '복'이라는 게 뭘까? 나는 '쌀'이라고 생각해. 쌀만 있으면 굶지 않고 배부르니 행복하거든. 또 세상에 쌀밥만큼 몸에 좋고 맛있는 게 없으니까.

설날 아침에 복조리 장수가 "복조리 사려." 하고 외치고 다니지. 조리는 쌀을 이는 데 쓰는 기구야. 즉, 쌀을 많이 이는 것이 곧 큰 복이라고 할 수 있지. 하지만 '쌀 복'을 너무 탐내면 안 돼.

옛날 어느 산속에 절이 하나 있었어. 그 절 부근에는 큰 바위가 있었는데, 바위틈에서 쌀이 흘러나왔지. 날마다 그 절에 머무는 사람들의 몫만큼씩, 그것도 끼니때마다 나오는 거야.

"이 바위가 복바위네."

"암, 그렇고말고요. 세상에 하나밖에 없는 쌀바위지요."

소문이 나자 사람들이 몰려왔어. 일 년 중 농사가 시작되는 봄에는 양식이 떨어져 굶는 사람이 많았단다. 이때를 보릿고개라고 하는데, 먹고살기가 무척 힘들었지. 그래서 이런 노래가 자주 들려왔어.

강남 갔던 제비 오고
꽃 피고 새 울어도
우리 동네 농사꾼
웃을 줄 모르네.

해 다 지고 저녁인데
굴뚝 연기 사라지고
찬물로 배 채우고
초저녁잠만 자네
어허야 어허야
태산 같은 보릿고개
어이 넘어갈거나.

절은 새벽부터 몰려온 사람들로 북새통을 이루었어. 한 끼라도 쌀밥을 얻어먹기 위해서였지. 바위 속 어디에서 쌀이 끝없이 나오는 걸까? 사람들은 신기하면서도 무척 고마웠지.

그러던 어느 날이었어.

"아이고, 감질나서 못 보겠네. 바위 속에 쌀이 가득할 테니 한꺼번에 많이 나오게 합시다."

사람들은 그게 좋겠다고 웅성거렸어. 몇 사람이 기다란 장대를 들고 와서 바위틈을 들쑤셨어. 그러자 그때부터 술술 나오던 쌀이 뚝 멈춰 버렸어. 대신 물이 줄줄 흘러나왔지.

그 후부터 쌀바위는 물바위가 되었단다.


나, 쌀에는 곡령(곡물을 자라게 하고 열매를 맺게 한다는 영혼)이 살고 있단다. 바위에서 쌀이 나오는 것은 배고픔을 고루 달래 주는 큰 복이었는데, 사람들의 욕심이 곡령을 화나게 하여 더 이상 쌀이 안 나온 것이지.

쌀은 한낱 곡식의 낟알이 아니라, 한 톨 한 톨마다 생명이 있는 것이나 다름없단다. 그것은 쌀로 만든 수많은 먹을거리가 우리의 생명을 살찌우기 때문이지.

## 쌀은 무엇일까요?

쌀은 벼의 껍질을 벗긴 알맹이예요. 밀·보리와 함께 세계 3대 곡물의 하나이며, 곡물 중의 으뜸이라고 할 수 있어요. 보리쌀, 좁쌀, 수수쌀도 볏과에 속하는 쌀이지요.

### 쌀의 생김새

벼에서 겉껍질(왕겨)을 벗겨 낸 알곡을 '현미'라고 해요. 현미는 과피·종피·호분층으로 된 쌀겨층과 쌀알의 끝에 있는 씨눈, 그리고 나머지 대부분을 차지하는 씨젖으로 나눌 수 있어요. 현미의 쌀겨층과 씨눈을 깎아 낸 씨젖 부분이 바로 우리가 먹는 흰쌀인 백미랍니다.

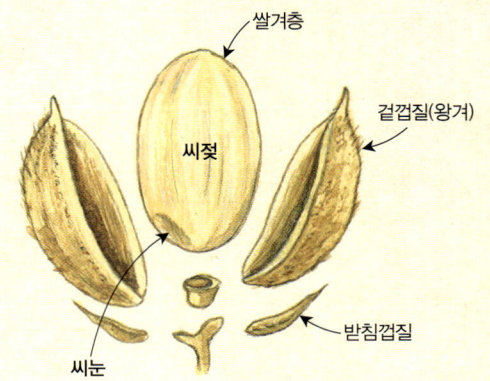

쌀 / 현미의 구조(단면도)

### 쌀의 종류

쌀은 크게 '자포니카'와 '인디카'로 나뉘어요.
자포니카는 주로 우리나라와 일본, 중국 북부 등에서 생산되는 쌀로, 둥글고 짧은데 밥을 하면 끈기가 있어요. 인디카는 인도차이나 반도의 안남 지방에서 생산되는데, 쌀알이 길쭉하고 밥을 지으면 끈기가 없고 맛이 덜해요.

자포니카

인디카

## 여러 가지 쌀

**멥쌀과 찹쌀** 우리가 날마다 밥을 지어 먹는 쌀이 멥쌀이고, 인절미 같은 떡을 해 먹는 쌀이 찹쌀이에요. 멥쌀은 끈기가 적고, 찹쌀은 끈기가 있으며 찰떡, 식혜, 찰밥, 약식을 해 먹어요.

**현미와 백미** 쌀은 도정(곡식을 찧고 속꺼풀을 벗겨 깨끗이 하는 것)에 따라 맛과 영양이 달라져요. 현미는 벼의 겉껍질만 벗겨 냈기 때문에 깨끗하지 않고 누르스름하지만 영양가는 높아요. 백미(흰쌀)는 씨눈과 쌀겨층을 벗겨 낸 것으로 색깔이 하얗고 맛이 좋아요.

**검은쌀** 안토시아닌이라는 색소가 들어있어서 검은색을 띠어요. 병을 예방하는 성분이 많아서 몸에 좋고, 구수한 향이 나서 맛이 좋아요.

**기능성 쌀** 기능성 쌀이란 쌀의 효능이나 맛의 가치를 높인 새로운 상품이라고 할 수 있어요. 영양 보충이나 영양 균형을 맞춘 것이지요. 버섯쌀은 밥을 지으면 버섯 특유의 고소한 냄새가 나고, 동충하초쌀은 항암 효과가 있다고 해요. 인삼쌀은 인삼 냄새가 나는 영양쌀이에요.

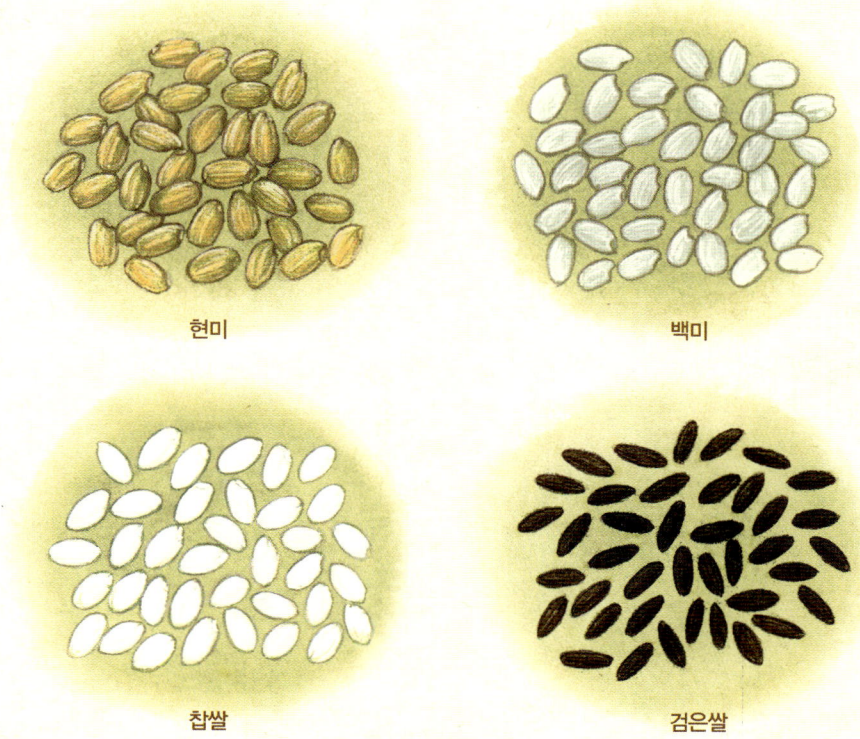

현미 　　　 백미

찹쌀 　　　 검은쌀

## 한겨울에도 농사꾼은 쉴 새가 없어

나, 쌀에는 무엇이 있다고 했지? 바로 곡령이 있다고 했지.
"에이, 어떻게 쌀에 영혼이 있어요?" 하고 의심을 할지도 몰라. 하지만 내 얘기를 들으면 그런 의심이 사라질 거야. 왜냐하면 쌀 한 톨이 만들어지는 데는 여든여덟 번이나 사람의 손길을 거쳐야 하거든. 그러니 어찌 거기에 혼령이 없다고 하겠어.

'쌀'을 한자로 '米(미)'라고 해. 사람 손길이 여든여덟 번 간다고 하여 '여덟 팔(八)' 자 두 개를 포개어 '쌀 미(米)' 자가 생겨난 거지.

그러면 누가 쌀 한 톨을 만들기 위해서 여든여덟 번이나 손길을 주는 걸까? 바로 농부들이지. 농사가 시작되는 봄부터 가을 수확 때까지 피땀을 흘리며 일하고 정성껏 벼농사를 짓는 사람이 바로 농부들이란다.

이제 내가 태어난 마을에 가서 농부를 만나 볼까?

'은행정'이라는 마을이 있어. 동구 밖에 오백 년 묵은 은행나무가 우뚝 서 있어서 붙여진 이름이지. 마을 뒤로 낮은 산줄기가 삼태기 모양으로 감싸고 있어서 아늑하고 평화로워 보여. 옹기종기 모여 있는 집들은 짚으로 엮은 이엉으로 지붕을 덮은 초가집이고, 기와집도 두어 채 있어. 이 마을에 '병우 아저씨'라는 농부가 있어. 오십 반평생 농사를 짓고 사는데, 아저씨의 먼 윗대부터 대대로 농사꾼이었지.

이제 곧 농한기(농사일이 바쁘지 않아 한가한 시기. 대체로 12월부터 2월까지임)가 끝나. 하지만 농한기라고 해서 마음 편히 쉴 게 아니야. 저기 병우 아저씨 손바닥을 좀 봐. 딱딱하게 굳은살이 박이고 투박한 가마니 결처럼 거칠지. 겨울에는 농사일도 안 하는데 손이 왜 거칠어졌는지, 아저씨 이야기를 들어 볼까.

휘리릭 휘리릭
출썩출썩
가마니 짜세

새끼 꼬아 가마니 짜세

잘도 짠다 가마니
옹이\* 박힌 가마니
쌀 한 톨도 새지 마라
설렁설렁 가마니
소금 한 톨도 새지 마라

\*옹이 나무의 몸에 박힌 가지의 밑부분

이 노래는 가마니 짜면서 부르는 노래야.

후유, 가을 추수 끝나고 월동 준비를 하고 나면 좀 쉬려나 하지. 하지만 농사꾼은 겨울이라고 해서 편히 쉴 날이 없단다. 겨우내 가마니 짜고, 새끼 꼬고, 나무도 하고, 닳고 망가진 농기구나 연장들을 고치기도 하고, 보리밟기도 하지. 왜 보리를 밟느냐고? 겨울 동안 들뜬 겉흙을 눌러 주고, 보리의 뿌리가 잘 내리도록 싹의 그루터기를 밟아 주는 거야. 한 이랑씩 남김 없이 꼭꼭 밟아 주어야 보리가 짱짱하게 잘 자란단다.

가마니는 새끼와 짚으로 만들어. 쌀이나 곡식, 소금 따위를 담는, 지금의 포대나 자루라고 할 수 있어. 새끼는 짚을 꼬아 만든 것으로, 무엇이든 묶을 때 쓰는 줄이지. 이런 걸 미리 준비해 놓아야 농번기(모를 내거나 논을 매고 추수를 하는 등 농사일이 매우 바쁜 시기) 때 쓸 수 있거든.

그러니까 농사일은 봄부터 가을까지만 하는 게 아니야. 겨울에도 농사에 필요한 것들을 만들고 준비해야 하니, 일 년 365일 농사일을 하는 셈이지. 하지만 힘들고 고달파도 우리가 먹고사는 데 꼭 필요한 쌀을 생산하기 때문에 흐뭇하고 행복하게 여긴단다.

## 농사를 짓는 데에도 도구가 필요해요

농기구는 농사를 짓는 데 쓰는 여러 가지 기구를 말해요. 농사를 짓는 데 없어서는 안 되는 중요한 물건이지요. 옛날에는 나무와 쇠를 이용해 대장간에서 농기구를 만들었어요. 그리고 사람이 소나 농기구 등을 이용해 직접 농사를 지었지요. 하지만 요즘은 다양한 농기계들이 그 일을 대신해요.

### 옛날의 농기구

**괭이** 땅을 파거나 흙을 고르는 데 써요.
**쇠스랑** 땅을 갈거나 씨앗을 심고 흙을 덮을 때, 볏짚이나 콩대 같은 걸 긁어모을 때 써요.
**호미** 김을 매거나 감자나 고구마 따위를 캘 때 써요.
**지게** 짐을 얹어 사람이 등에 지는 우리나라 고유의 운반 기구예요.
**똥장군** 똥을 담아 나르는 그릇이에요.
**낫** 잡초를 베거나 벼, 콩과 같은 곡식을 거둘 때 써요.
**도리깨** 곡식의 낟알을 떠는 데 써요.
**그네** 벼를 훑는 데 쓰는 농기구인데, '홀테'라고도 해요.
**키** 곡식 따위를 까불러 쭉정이나 티끌을 골라내는 데 써요.
**고무래** 흙덩이를 고르거나 씨를 뿌린 뒤 흙을 덮어 주고, 곡식을 넣고 긁어모으는 데 써요.

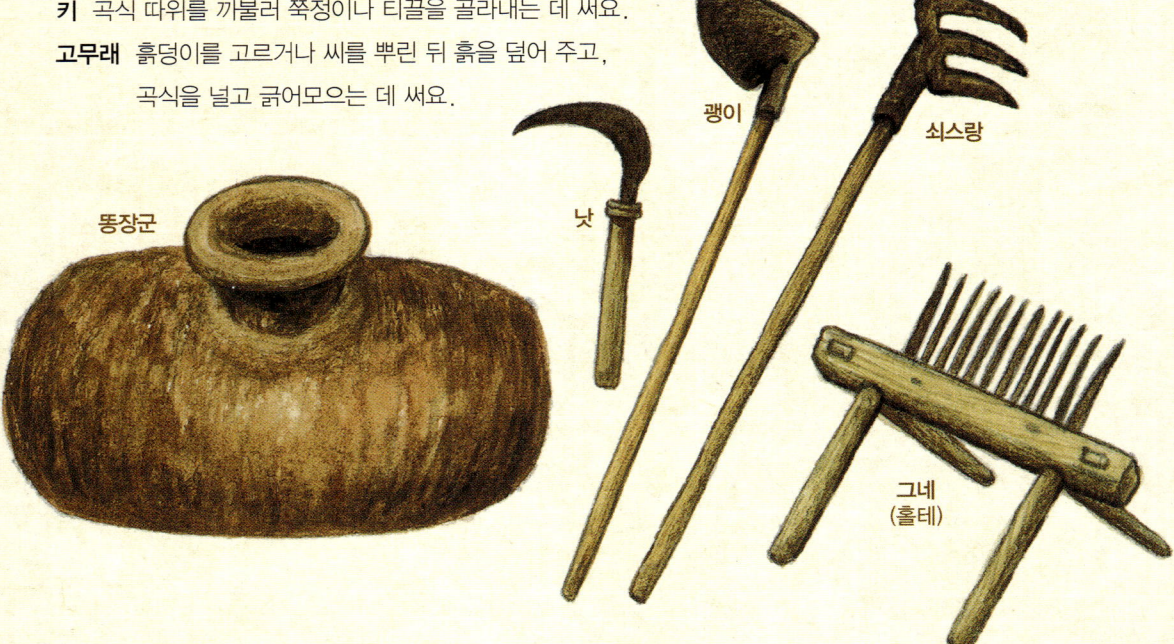

## 요즘의 농기계

**탈곡기** 벼, 보리 따위의 이삭에서 낟알을 떨어내는 농기계예요.
**트랙터** 땅을 갈고, 흙을 부수고, 물건을 운반하고, 거름을 주거나 농약을 뿌리는 등 여러 가지 일을 할 수 있어요.
**이앙기** 모판에서 자란 모를 논에 옮겨 심는 기계예요.
**콤바인** 벼 베기와 탈곡하는 일을 한꺼번에 하는 자동화 농기구예요.

# 황소처럼 일하는 농부

농한기가 끝나면 꽃피는 3월이 오지. 얼었던 땅이 녹고, 새싹이 돋아나고, 온갖 꽃들이 피고, 살랑살랑 봄바람이 불어오고, 강남 갔던 제비가 돌아와 재재거리지.

이제 드디어 일 년 농사일이 시작되는 거야. 벼의 씨앗인 볍씨들이 논에서 싹을 틔울 수 있는 절기가 다가온 거지.

절기는 계절의 변화와 특징에 따라 한 해를 스물넷으로 나눈 거야. 15일 내지 16일에 한 번씩 돌아오는데, 이 절기에 맞추어 농사일을 점치기도 하고 계획을 세우고 준비도 하지.

이를테면 청명(4월 5일 무렵)부터는 농사일이 바빠지고, 소만(5월 21일 무렵)에는 모내기를 시작하면서 보리를 베고, 망종(6월 6일 무렵)까지는 모내기를 끝내야 해.

3월(음력으로 2월)의 절기에는 경칩과 춘분이 있어. 개구리가 겨울잠에서 깨어나고, 겨울 동안 길었던 밤의 길이가 낮과 같아지면서 농사철이 시작

되는 거야.

　병우 아저씨는 점점 바빠졌어. 그동안 얼마나 논밭으로 나가고 싶었는지 몰라. 외양간의 황소도 겨울 동안 무척 심심했지. 황소는 겨우내 잘 먹어서 두두룩하게 살이 쪘어.

　병우 아저씨가 제일 먼저 하는 일은 논갈이야. 황소에 쟁기를 매어 논을 깊게 갈아엎지. 그래야 흙이 섞이면서 거름 영양분이 깊게 스며들거든.

　논물이 새지 않게 무너진 논두렁을 흙으로 쌓아 바르고, 물길이 잘 드나들게 도랑을 깊이 파고 물꼬를 넓게 터 주지. 그러고 난 다음, 헛간에 잔뜩 쌓인 재거름(재로 만든 거름)과 짚이나 배설물 따위를 썩힌 퇴비 거름을 논바닥에 골고루 뿌려.

　소를 부리는 병우 아저씨는 힘들어도 신이 났어. 황소가 푹푹 숨을 내쉬며 목을 흔들면 워낭이 쩔렁쩔렁 소리를 내는데, 이 논에서 쩔렁쩔렁, 저 논에서 쩔렁쩔렁 울려 대니 소리만 듣고도 농사일이 바빠진 것을 알 수 있지.

　　이랴이랴 어서 갈자
　　저 건너 묵은 밭은
　　쟁기 무뎌 묵었느냐
　　이랴이랴 어서 갈자

이 논 갈아 모내고
저 밭 갈아 수수 심고
이내 팔자 배부르구나

헛간에서 농기구와 연장들을 꺼내, 털고 닦고 갈고 하느라 집안 식구들 모두 바쁘다, 바빠.

논갈이를 끝낸 병우 아저씨 얘기 좀 들어 볼까.

후유, 나도 바쁘지만 똥 눌 틈도 없이 바쁜 건 누렁이 황소지. 저것 봐, 길을 가면서 철퍼덕철퍼덕 빈대떡 부치듯이 똥을 누잖아. 논 갈랴, 거름 져 내랴. 힘든 일을 하면서도 불평하지 않아. 그래서 아무 말 없이 땀 흘려 일하는 사람을 소처럼 일한다고 하지. 농사일은 소처럼 무던하게 일하는 일꾼이 필요해.

이제 논을 갈았으니 볍씨를 키우고 못자리를 만들어야지. 논농사를 잘 지으려면 가정 먼저 좋은 볍씨를 골라야 하거든.

'씨앗'에 대한 이야기를 하나 해 주지.

어느 마을에 두 아들을 둔 농부가 살았어. 가난했던 아버지는 황소처럼 일해서 땅(논)을 사서 부자가 되었지.

그런데 아들 형제는 일은 안 하고 놀기만 했어. "일하지 않으면 먹지도 말라."는 말이 있지. 그런데 이 형제는 놀고먹는 것도 모자라서 날이면 날마다 술 마시고 싸우며 사고를 치는 거야.

"허허, 농사일도 기술인데 장차 이 아이들이 무슨 일을 할꼬."

아버지는 걱정이 태산 같았어.

어느 해, 아버지가 병들어 누웠어. 그런데도 두 아들은 농사일을 제대로 하지 않아 논밭에는 잡초가 무성했어. 급기야 흉작(농작물의 수확이 다른 해보다 훨씬 밑도는 일)을 했지.

"내가 어찌 죽을꼬."

아버지는 죽어서도 편히 눈을 감지 못할 것 같았어.

결국 곳간에 식량이 바닥이 났어. 아버지는 죽기 전에 유언을 했어.

"내가 너희들에게 남길 재산이 이 베개 속에 있다."

두 아들은 눈이 휘둥그레졌어. 둘 다 불룩한 베개 속에 돈이 잔뜩 들어 있을 것이라고 생각했지. 아버지가 눈을 감자 아들들은 베개 속을 뜯어보았어.

무엇이 나왔겠어? 하하하. 잘 익은 볍씨가 주르르 쏟아졌지. 농사철이 오면 논에 뿌릴 씨앗이었지. 그제야 두 아들은 잘못을 뉘우치고 농사일을 시작했어. 씨 하나가 자라서 수백수천 배의 열매를 맺으니 그보다 값

지고 큰 유산이 어디 있겠어.

  해마다 이맘때, 씨오쟁이(씨앗을 담아 두기 위해 짚을 엮어서 만든 자루)에 갈무리해 두었던 볍씨를 꺼낼 때는 마음이 설레지. 농사를 잘 지으려면 씨를 잘 골라야 하거든. 씨앗을 고르고, 뿌리고, 키우는 정성은 정말 기도하는 마음이란다.

## 24절기와 농사 달력

우리 조상들은 한 해를 24절기로 나누었어요. 절기는 계절의 변화와 특징을 나타내고 있어서 일 년 농사를 준비하고 짓는 데 도움이 되지요.

### 봄

- **입춘**(2월 4일경)  봄의 시작. 객토*하기.
- **우수**(2월 18일경)  봄비 내림. 거름 준비.
- **경칩**(3월 5일경)  동물이 겨울잠에서 깸. 논 갈고 거름 주기.
- **춘분**(3월 20일경)  낮과 밤의 길이가 같은 날. 논도랑 치기.
- **청명**(4월 5일경)  날씨가 맑고 밝음. 볍씨 소독.
- **곡우**(4월 20일경)  봄비가 옴. 볍씨 물에 담그고, 벼농사 준비. 채소 모종.

*객토  땅을 좋게 하기 위해서 다른 곳 흙을 파다가 논밭에 옮기는 일.

### 여름

- **입하**(5월 6일경)  여름 시작. 모판 만들기.
- **소만**(5월 21일경)  보리 익음. 모내기 시작. 농번기 시작.
- **망종**(6월 6일경)  보리 수확. 논밭에서 풀 뽑기.
- **하지**(6월 21일경)  낮이 가장 긴 날. 장마와 가뭄에 대비해 물 대고 물 빼 주기.
- **소서**(7월 7일경)  더위 시작. 장마, 태풍 주의. 감자 캐기, 김매기.
- **대서**(7월 23일경)  무더위. 벼이삭 패기*. 채소류 수확.

*패기  곡식의 이삭 따위가 나오는 것.

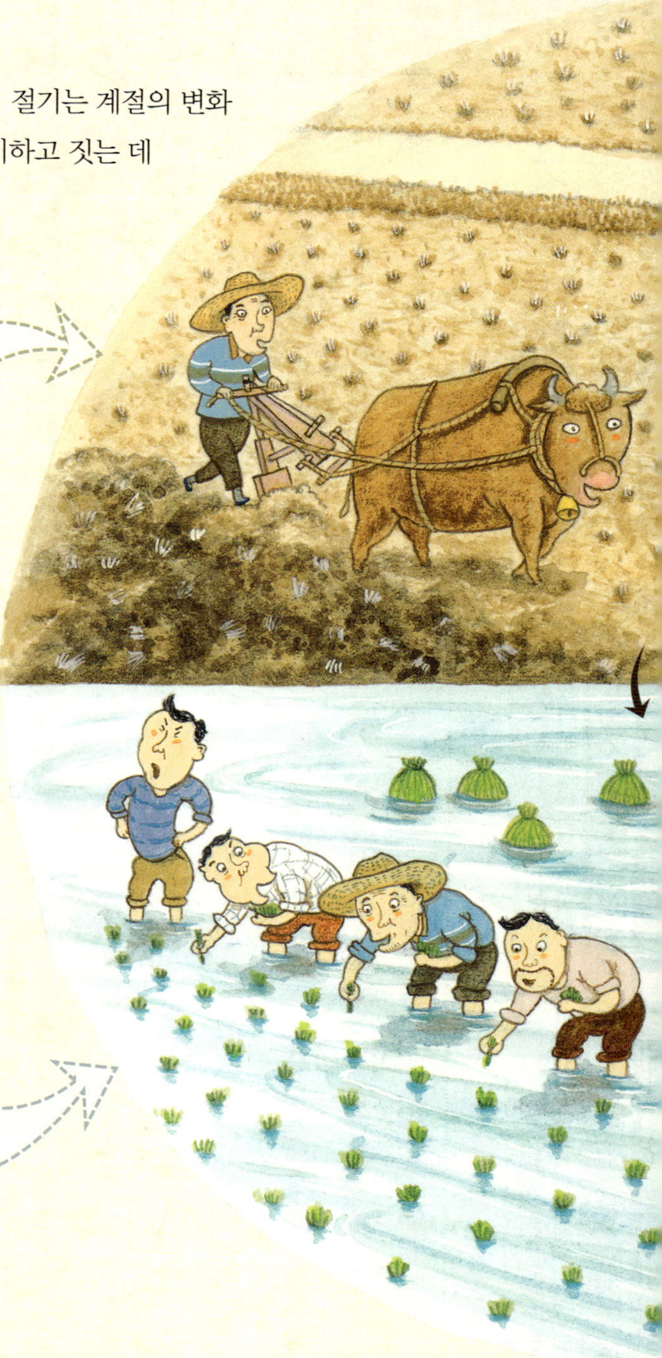

봄, 여름, 가을, 겨울 바쁘다, 바빠!

### 겨울

- **입동**(11월 7일경) 겨울 시작. 가을걷이 마무리. 김장하기.
- **소설**(11월 22일경) 눈 오기 시작. 농작물 저장하기.
- **대설**(12월 8일경) 눈이 많이 옴. 새끼 꼬기. 메주 쑤기.
- **동지**(12월 22일경) 밤이 길고 낮이 가장 짧음. 가마니 짜기.
- **소한**(1월 5일경) 겨울의 한가운데. 짚으로 멍석, 삼태기 만들기.
- **대한**(1월 20일경) 매우 추움. 내년에 쓸 농기구 점검.

### 가을

- **입추**(8월 7일경) 가을 시작. 김장 담글 무와 배추 씨뿌리기.
- **처서**(8월 23일경) 아침저녁 서늘한 기운. 고추 따기.
- **백로**(9월 8일경) 이슬이 내림. 가을걷이 시작.
- **추분**(9월 23일경) 낮과 밤의 길이가 같음. 벼 타작* 가을보리 씨뿌리기.
- **한로**(10월 8일경) 찬 이슬이 맺히기 시작. 벼 말리기.
- **상강**(10월 24일경) 된서리 내림. 들깨 털기. 집 단장(겨울 준비).

***타작** 곡식의 이삭을 떨어서 낟알을 거두는 일.

## 부지깽이도 바쁘다

산비탈 보리밭이 누렇게 출렁거리네. 보리 이삭이 아주 잘 익은 거야.

보리는 나하고는 사촌이지. 보리쌀은 '여름의 식량'이라고 할 수 있어. 보리밥에 고추장을 넣고, 겉절이에 썩썩 비벼 먹으면 정말 맛있거든. 하지만 옛날에는 날이면 날마다 보리밥만 먹으니까 쌀밥 한 번 먹어 보는 게 소원이었지.

산과 들에는 하얀 아카시아 꽃이 피어 그 향기가 코를 찔러. 은행정 아이들은 몰려다니며 아카시아 꽃잎을 따 먹지. 달착지근한 꽃잎이 맛있어. 벌들도 잉잉거리며 아카시아 숲을 날아다니는데 꿀을 따느라 바쁜 거야.

바쁜 건 벌들만이 아니지.

지금 은행정 일꾼들은 정말 눈코 뜰 새 없이 바빠. 보리도 익어서 베어야 하고, 모도 자라서 모내기를 해야 하니까.

오늘은 병우 아저씨네 모 심는 날이야.

스무 명도 넘는 일꾼들이 아침 일찍 병우 아저씨 논에 모였어. 논두렁이 긴 골답(물이 흔하고 기름진 논)에는 물을 적당히 가두어 놓았지. 어린 볏모를 심으면 모의 머리끝이 보일 만큼 말이야. 먼저 나온 써레꾼이 써레로 논을 편평하게 고르고 있고, 부지런한 몇몇 일꾼들은 벌써 모판에서 파랗게 자란 어린 모를 떼어 내고 있네. 익숙한 손놀림으로 모를 떼어 가지런하게 한 묶음씩 짚으로 묶어서 뒤쪽으로 밀어 놓지. 그러면 몇몇 일

꾼이 이 볏모 묶음을 지게에 지고 써레질이 끝난 논으로 옮겨 여기저기에 던져 놓는 거야.

자, 이제 모내기 준비가 되었어. 일꾼들은 모두 논바닥에 들어가 한 줄로 길게 늘어서 있지.

"모내기 시작이오."

논두렁 양쪽에서 못줄을 잡은 일꾼이 큰 소리로 외치며 모내기 시작을 알리지. 못줄을 당겨 못줄 말뚝을 논바닥에 박으면 일꾼들은 못줄에 맞춰 모를 심는 거야. 일꾼들 손놀림은 정말 재빨라. 한 곳에 서너 개씩 꽂듯이 심어야 물에 뜨지 않고 땅에 뿌리를 잘 내릴 수 있지.

왜 못줄을 대고 줄지어 심느냐고? 줄을 지어 심으면 바람이 잘 통하고, 물도 잘 흐르고, 나중에 잡초를 뽑아 주기도 좋고, 거름 주기도 좋거든.

"넘어가요, 넘어가. 못줄 넘어가요."

못줄꾼 소리가 점점 커지고 빨라지네. 일꾼들 손놀림도 더 빨라지고, 허리 한 번 제대로 펼 틈도 없어. "아이고, 아이고!" 소리가 저절로 나오지. 농사일이 다 힘들지만 그중에서도 모 심는 일이 가장 힘든 일이라고 할 수 있어. 그래도 일꾼들은 풍년을 기원하며 힘든 줄을 모르지.

에헤라 어기어라
바다 같은 이 논배미
어서 농사지어
우리 부모 봉양하세

에헤라 어기어라
앞산은 가까워지고
뒷산은 멀어지네
어서어서 넘어가세
이 힘든 모내기 고개

벌써 커다란 논 반을 심었네. 곧 새참을 내올 거야. 새참이 뭐냐고? 일을 하다가 잠시 쉬는 동안에 먹는 음식이지. 보통 새참으로 국수를 해 오는데, 바가지에 담아 먹는 국수는 한 그릇 가지고는 안 되지. 맛있어서 더 먹고, 배고파서 더 먹어야 해. 고된 일을 하면 금방 배가 꺼지거든.

일꾼들은 허리를 펼 때마다 고개를 돌려 큰길 쪽을 살펴보지. 언제 새참이 나오나 하고 기다리는 거야. 배에서 꼬르륵 소리가 나거든.

"새참이다!"

누군가 소리치자 모두들 그쪽을 쳐다보았어. 아낙들이 머리에 광주리를 이고 줄지어 오는 것이 보이네.

"힘내요. 새참 나옵니다."

못줄꾼이 소리치자 일꾼들은 갑자기 힘이 솟았어. 먹는 것을 생각하니 군침이 돌고 새삼 힘이 난 거지.

"새참들 먹고 하시오."

논 주인인 병우 아저씨가 소리치자 못줄이 멈췄어. 일꾼들은 논에서 나와 둠벙('웅덩이'의 충청도 사투리)으로 가서 흙탕물을 대충 씻고 논둑 버드나무 아래 줄지어 앉았어. 아낙들은 국수를 바가지에 담고, 겉절이에 부침개를 차리고 막걸리 주전자를 놓았어.

병우 아저씨가 술 한 사발을 따라 논물에 던지며 "고수레." 하고 외쳤어.

"그저 이삭 잘 패고 병들지 말고 풍년이 들게 해 주십시오."

논 주인이 농사를 시작하면서 곡령에게 비는 첫인사를 한 거야.

"자, 어서들 먹어요. 막걸리도 따르고."

일꾼들은 먼저 막걸리 한 잔씩을 죽 들이켰어.

"어, 좋다."

논두렁에서 먹는 새참 맛은 먹어 보지 않고는 모르지.

점심밥은 더 맛있지. 모처럼 쌀밥에 반찬이 푸짐하거든. 평소에 먹기 힘든 꽁치 조림, 장떡, 콩 조림, 순두부찌개, 감자조림 같은 반찬들이 얼마나 맛있는지, 아직도 옛 맛이 그리워 '못밥'을 찾는 사람이 많다지. 아마 고되게 땀 흘려 일하고 들에서 먹는 밥이라 더 맛있을 거야.

이 집 저 집 품앗이로 시작된 은행정의 모내기가 끝나려면 보름은 넘게 걸려야 하지. 그때가 얼마나 바쁜지 이런 말이 생겨났어.

"부엌의 부지깽이(아궁이에 불을 땔 때 쓰는 가느다란 막대기)도 뛰어다녀요."

"고양이 손이라도 빌려야 해요."

은행정 아이들은 학교를 마치면 집으로 달려와 모내기를 도와주지. 무슨 일을 하냐고? 볏모 묶음도 나르고, 저녁 새참 때 막걸리 주전자를 들고 따라가기도 하고, 일꾼들 잔심부름도 하는 거야.

하루 종일 논에서 일한 농부들은 밤에는 끙끙 앓으며 잠을 자고, 다음 날 새벽닭이 울면 또 다시 거뜬한 몸으로 논에 나가 일을 한단다.

알고 보면
더 재미있어요

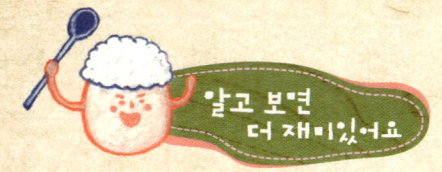

# 벼는 어떤 식물일까요?

벼는 쌀을 얻기 위해서 논에 심어 기르는 한해살이풀이에요. 볍씨의 싹을 틔워 논에 심을 때는 '모'라고 하고, 모가 자라면 '벼'라고 불러요. 그리고 낟알의 껍질을 벗겨 낸 것을 '쌀'이라고 하지요. 4월 중순쯤 볍씨를 뿌리면 7~8월에 꽃을 피워 9~10월이 되면 낟알이 노랗게 익어 가을걷이를 해요.

## 벼의 한 살이

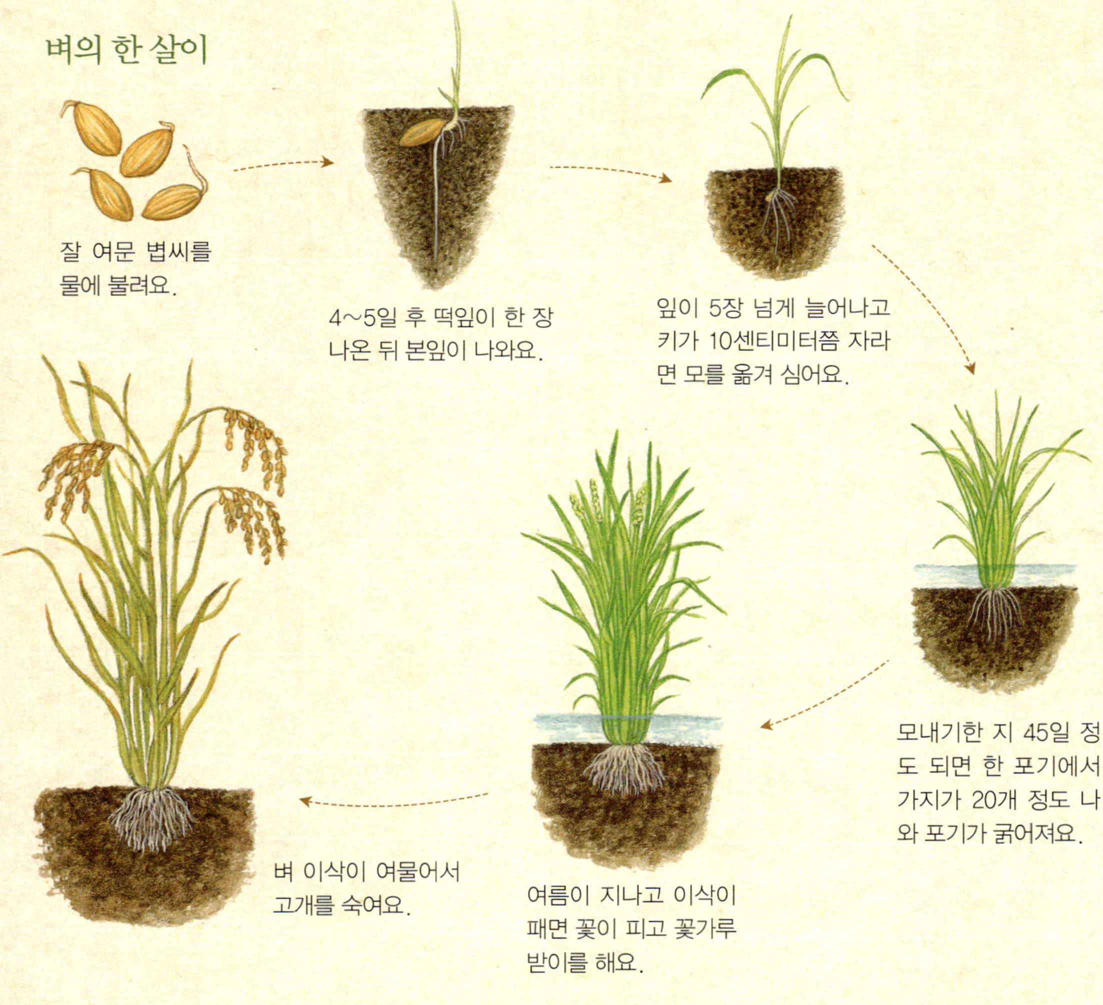
잘 여문 볍씨를
물에 불려요.
4~5일 후 떡잎이 한 장
나온 뒤 본잎이 나와요.
잎이 5장 넘게 늘어나고
키가 10센티미터쯤 자라
면 모를 옮겨 심어요.
모내기한 지 45일 정
도 되면 한 포기에서
가지가 20개 정도 나
와 포기가 굵어져요.
여름이 지나고 이삭이
패면 꽃이 피고 꽃가루
받이를 해요.
벼 이삭이 여물어서
고개를 숙여요.

## 벼의 생김새

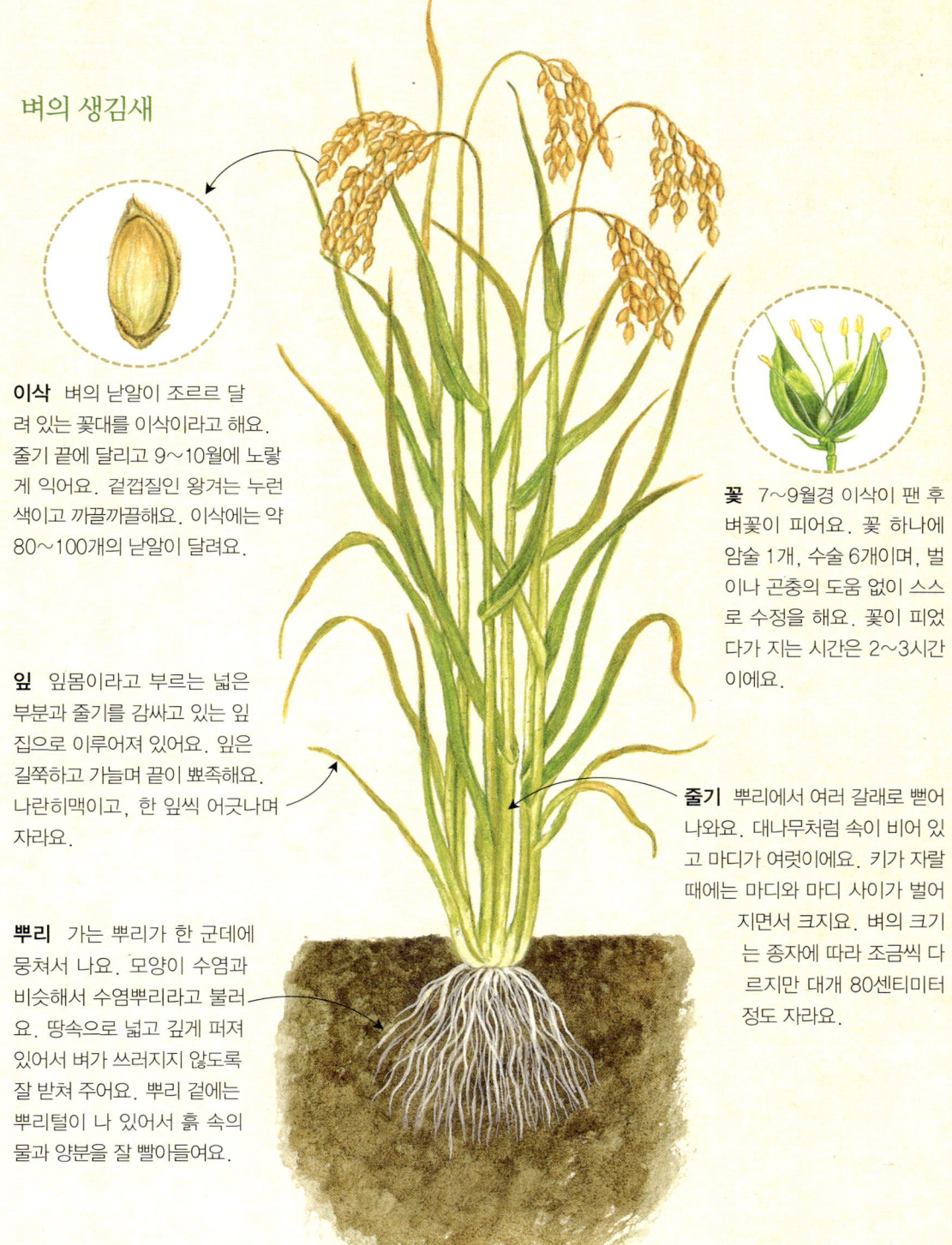

**이삭** 벼의 낟알이 조르르 달려 있는 꽃대를 이삭이라고 해요. 줄기 끝에 달리고 9~10월에 노랗게 익어요. 겉껍질인 왕겨는 누런 색이고 까끌까끌해요. 이삭에는 약 80~100개의 낟알이 달려요.

**잎** 잎몸이라고 부르는 넓은 부분과 줄기를 감싸고 있는 잎집으로 이루어져 있어요. 잎은 길쭉하고 가늘며 끝이 뾰족해요. 나란히맥이고, 한 잎씩 어긋나며 자라요.

**뿌리** 가는 뿌리가 한 군데에 뭉쳐서 나요. 모양이 수염과 비슷해서 수염뿌리라고 불러요. 땅속으로 넓고 깊게 퍼져 있어서 벼가 쓰러지지 않도록 잘 받쳐 주어요. 뿌리 겉에는 뿌리털이 나 있어서 흙 속의 물과 양분을 잘 빨아들여요.

**꽃** 7~9월경 이삭이 팬 후 벼꽃이 피어요. 꽃 하나에 암술 1개, 수술 6개이며, 벌이나 곤충의 도움 없이 스스로 수정을 해요. 꽃이 피었다가 지는 시간은 2~3시간이에요.

**줄기** 뿌리에서 여러 갈래로 뻗어 나와요. 대나무처럼 속이 비어 있고 마디가 여럿이에요. 키가 자랄 때에는 마디와 마디 사이가 벌어지면서 크지요. 벼의 크기는 종자에 따라 조금씩 다르지만 대개 80센티미터 정도 자라요.

# 농부의 발자국 소리

망종(6월 6일경)이 지나자 모내기가 끝났어.

저 들녘 좀 바라봐. 물이 그득한 논에 어린 볏모들이 나란히 심어져 있지. 며칠 사이에 어린 볏모들이 땅 냄새를 맡았는지 파랗고 싱싱해 보이네.

병우 아저씨는 모내기가 끝난 다음 날부터 새벽같이 삽 한 자루를 메고 논으로 달려가지. 마치 아이가 화분에 씨앗 하나를 심어 놓고 언제 싹이 날까 하고, 보고 또 보고 하듯이 말이야.

아저씨한테 물어볼까?

"아저씨, 뭐가 그리 궁금하고 조바심이 나서 하루에도 몇 번씩 논에 나가세요?"

"궁금하고말고. 어린 모가 땅 냄새를 맡았는지, 뿌리를 내렸는지, 혹시 바람에 뜬 모는 없는지, 논물은 새지 않는지, 그새 얼마나 자랐는지 궁금하고 보고 싶어 잠도 안 온다니까."

이렇게 농부들은 볏모를 심어 놓고 마치 귀한 자식 돌보듯이 정성껏 돌보지. 얘기했었지? 쌀을 거두려면 여든여덟 번 농부의 손이 가야 한다고. 그만큼 힘들고 어려운 농사짓기가 시작된 거야.

모내기를 끝낸 들판을 보니 무척 기분이 좋아. 저 논에서 내 형제들이 태어날 거잖아. 그것도 셀 수 없이 많이 많이. 아저씨의 바람처럼 대풍년이 들기를 기도할 거야.

이제부터 어린 볏모는 하루가 다르게 쑥쑥 자라 포기가 늘어나고 튼튼한 벼가 될 거야. 꽃이 피고, 여름이 지나면 이삭이 나오겠지.

그러려면 벼가 자라는 환경이 잘 따라 주어야 해. 알맞은 기온과 수온, 비가 때맞춰 내리고, 햇빛 양도 적당하고 바람도 순하고 좋아야 하지.

그뿐 아니지. 벼가 뿌리를 내리면 거름을 주고 김매기를 하고 물꼬(논에 물이 넘나들게 만든 통로) 보기를 때맞춰 해 주어야 해.

그중 김매기는 정말 힘든 일이야. 벼 포기가 늘어나고 키가 자란 논에 들어가서 호미로 잡초를 뽑고 두둑(논이나 밭의 골을 타서 두두룩하게 흙을 쌓아 만든 곳) 흙을 뒤집어 주어야 해. 벼 포기에 질세라, 다투어 올라오는 잡초들을 뽑아 주어야 영양분을 안 빼앗기고 벼가 튼튼하게 자라거든.

 김매기는 젊은 일꾼들이 품앗이를 해. 고된 일을 흥이 나게 하기 위해서 북쟁이가 둥둥 북을 치면서 구성지게 소리를 하지. 그러면 일꾼들은 따라 부르며 어깨춤도 추고 엉덩춤도 추는 거야.

에에 에헤야 디야 김매러 가세
뒷집 박서방 호미 들고 나오세
이 논 다 매고 누구 논 맬꼬
우리 논 다 매고 자네 논매세
에에 에헤야 디야 김매러 가세

쑥꾹쑥꾹 뜸북뜸북

새들도 좋다고 우는구나

비님은 줄줄 바람도 살랑살랑

에에 에헤야 디야 김매러 가세

올해도 풍년, 연년이 풍년이구나


 일꾼들은 흥이 났어. 뙤약볕에서도 매고, 줄줄 쏟아지는 비를 맞으면서도 김매기를 하지. 얼마나 힘이 들면 북 치고 노래하며 일을 하겠어.

 두벌매기(김매기를 두 번 하는 것)를 끝낸 병우 아저씨 얼굴 좀 봐. 까맣게 타 버렸어.

 "아저씨, 힘든데 김매기를 한 번만 하면 안 되나요?"

 "초벌매기, 두벌매기, 세벌매기까지 해 줘야지. 농사일에는 힘 안 들고 쉬운 것이 없지. '곡식은 농부의 발소리를 듣고 자란다.'고 하지. 정말이지 벼가 자식이나 다름없어. 한 번이라도 더 정성껏 돌보면 벼도 주인의 마음을 알아 튼튼하고 풍성하게 자라겠지."

 병우 아저씨가 김매기 노래를 흥얼거리며 재미난 얘기를 들려주었어.


 여기 안산에 도깨비 셋이 살았단다. 불뚝불뚝 성질이 급한 불뚝 도깨비하고, 아는 체하고 뽐내기 좋아하는 아기똥 도깨비, 그리고 어른 말에 끼

어들기 좋아하는 버릇없는 앙달 도깨비였지.

 이 세 도깨비는 빈둥빈둥 게으름을 피우다가 대장 도깨비의 눈밖에 나서 도깨비굴에서 쫓겨났어. 굴에서 쫓겨나면 도깨비들이 그렇게 좋아하는 묵을 못 먹게 되거든. 도깨비들이 왜 묵을 좋아하냐고? 도깨비들 입 안은 묵처럼 말랑말랑하고 보드랍거든.

 대장 도깨비는 세 도깨비에게 무언가 깜짝 놀랄 만한 선물을 가져오면 용서해 준다고 했지. 그래서 세 도깨비는 깜짝 놀랄 만한 선물을 찾으러 산으로 들로 마을을 돌아다녔어.

 그런데 그해에는 가물어서 벼가 줄기도 못 벋고 바짝바짝 타 들어가고

있었어. 나는 논두렁에 나가 한숨만 푹푹 쉬었지. 하늘이 원망스러웠단다.

어느 날 저녁나절이었어. 내가 논두렁에서 마른하늘을 쳐다보며 "에이, 논을 갈아엎고 메밀이나 심어야겠다." 하고 말했지. 정말 그러고 싶은 심정이었단다. 하도 가무니 속이 상해서 괜히 해 본 소리였지.

그런데 이 말을, 마침 들에 나와 있던 세 도깨비가 들은 거야.

"뭐, 뭐라고? 메밀을 심는다고?"

세 도깨비는 귀가 번쩍 뜨였지.

"캴캴캴. 이게 웬 깜짝 놀랄 선물이냐."

양식이 되는 메밀밭을 발견한 거나 다름없거든.

내가 그 말끝에 "후유, 그런데 물이 있어야 말이지. 메밀도 마른 땅에서는 잘될 리가 없지." 하고 한숨을 쉬었지.

그날 밤, 들에서는 무슨 일이 일어났을까?

　다음 날 아침에 들에 나가 보니 논에 물이 가득하더라니까. 허허, 이게 무슨 조화인고. 도깨비장난이 아니고는 있을 수 없는 일이지. 도깨비는 신통력으로 무슨 일이든지 할 수 있으니까.

　그리고 며칠 후, 다시 논두렁에 나가 이렇게 말했지.

　"논에 풀이 있으면 메밀이 잘 안 되겠지. 김을 세 번은 매 주어야겠군."

　그날 밤, 또 무슨 일이 벌어졌겠어? 도깨비들은 은행정 논에 김매기를 다 해 주었단다.

　어때, 도깨비들이 참 고맙지!

　하하하. 정말이지 도깨비들이 힘든 김매기를 해 주면 얼마나 좋겠어. 그러면 도깨비들이 좋아하는 메밀묵은 얼마든지 해 줄 텐데 말이야.

　농사일은 힘들어도 흥이 있어 좋아. 농사일이 얼마나 힘들면 '뼈가 빠진다'고 하겠어. 하지만 농부들은 그 힘든 일을 흥을 돋우며 하지. 노래하고 춤추고 웃으면서 서로의 고단함을 나눈단다.

## 논에는 무엇이 살까요?

논은 벼를 키우는 것 말고도 많은 일을 해요. 장마철에는 논둑에 물을 가둬 홍수를 막아요. 뿐만 아니라 논에 댄 물은 계속 땅속으로 흘러들면서 지하수를 채워 주지요. 논은 오염된 물도 정화시켜 주고, 벼가 광합성하면서 엄청난 양의 이산화탄소를 빨아들이고 산소를 내뿜어 공기도 맑게 해 줘요.

또한 논을 이루고 있는 논둑, 연못, 물웅덩이, 논도랑, 논바닥에는 많은 생물과 식물이 살고 있어요. 흙이나 물에 영양분이 많아서 동물과 식물이 살기에 알맞답니다.

> 논에 사는 식물과 동물

소금쟁이
물장군
송사리
미꾸라지
우렁이

## 어정 7월, 건들 8월이라

  7월 장마가 끝나자 날씨가 더워졌어. 푹푹 찐다고 하지. 가만있어도 땀이 줄줄 흐르지.
  장마 때는 세상이 온통 물바다가 되는 줄 알았지. 낮게 드리운 두꺼운 구름장이 단번에 벗겨진 듯이 빨랫줄 같은 빗줄기가 온 세상을 두들겨 댔지. 콸콸 황톳물이 도랑마다 넘쳐흘러 논배미로 밀고 들어왔어.
  병우 아저씨는 낮이고 밤이고 물을 빼느라 얼마나 고생을 했는지 몰라. 농사는 비가 많이 와도 걱정, 안 와도 걱정이야. 때맞춰 알맞게 내려 주어야 하는데 그게 사람의 뜻대로 되는 게 아니잖아.
  8월은 음력으로 7월인데 "어정 7월, 건들 8월"이라는 말이 있지. 이 말은 "어정거리면서 7월을 보내고, 건들거리면서 8월을 보낸다."는 뜻이야.
  그동안 씨 뿌리고, 모내고, 김매고 하느라 고생한 농부들이 조금 한가한 시간을 갖게 되는 때가 바로 이때거든. 하지만 마냥 할일이 없는 건 아니지. 일꾼들은 은행나무 그늘에서 멍석이나 삼태기, 씨오쟁이 같은 농사

에 필요한 여러 가지 물건을 만드는데, 모두 짚이나 새끼를 꼬아 만드는 물건이야.

　가장 한가한 시간을 즐기고 있는 건 소들이지. 그동안 논일, 밭일로 힘든 일은 도맡아 해 온 소들은 오랜만에 동산에서 배부르게 풀을 뜯어 먹어. 먼 곳을 보고 "음매" 하고 울어도 보고, 나무 그늘에 앉아 긴 꼬리를 휘휘 휘둘러 쇠파리를 쫓다가 졸기도 하지. 이쯤 되면 '황소 팔자 상팔자'라고 할 수 있지.

칠월에 황소 팔자라
걱정 없어 좋고
풀 뜯고 여물 먹고
배불러 좋고
그늘에 낮잠이니
황소 팔자만 하랴

또래들이 소를 몰고 산으로 가는 것을 '소 뜯기러 간다'고 하지. 소들에게 풀을 뜯어 먹게 하는 일인데, 또래들이 서로 하려고 하는 일이야. 여러 형제가 있는 집에서는 서로 소를 몰고 나가려고 다투기도 하지. 또래들은 소고삐를 잡고 동산으로 올라가 풀이 많은 곳을 찾아 풀을 뜯긴단다.

소고삐를 풀어 주고는 나무 그늘에서 세계 명작을 읽기도 하고, 덜 익은 과일을 따 먹고 배가 아파 설사도 하고, 연못에 들어가 개구리헤엄을 치며 놀기도 하지. 그러는 사이에 풀을 뜯던 소가 보이지 않아 소를 찾느라 온 동네 사람들이 산을 헤매고 다닌 적도 있었지.

  이때쯤 논의 벼들은 줄기가 늘어나 포기가 굵어졌고, 하루가 다르게 저절로 잘 자란단다. 그런데 성가신 잡초가 하나 있는데, 이름을 '피'라고 불러. 벼 속에 숨어 자라면서 벼가 먹을 영양분을 빼앗아 먹는 풀이지. 이 피는 모판에서부터 벼가 다 자랄 때까지 악착같이 따라 자라는 못된 풀이지. 일꾼들은 틈만 나면 피사리(농작물에 섞여 자란 피를 뽑아내는 일)를 하는

데, 논을 보면 주인이나 일꾼이 부지런한지 게으른지 알 수 있단다. 논에 피가 많이 자라고 있으면 피사리를 게을리 한 것이니까.

은행나무 그늘에 앉아 멍석을 짜던 일꾼들은 '백중날(음력 7월 15일)'이 돌아오기를 고대하지. 그때쯤은 멍석을 다 짜고 삼태기나 씨오쟁이 하나쯤은 마무리가 되거든. '백중'이 무슨 날이냐고? 그 이야기는 병우 아저씨에게 들어 보기로 할까.

백중은 일꾼들의 명절이라고 할 수 있어. 여름 동안 김을 매던 호미를 씻는다고 하여 '호미씻이'라고도 하고, 농부들이 쉬는 날이라고 '농부날', 머슴들이 쉬는 날이라고 '머슴날'이라고도 부르지.

봄부터 여름내 고생한 일꾼들이 이날만큼은 편안하게 쉬면서 풍물놀이를 하고, 장에 가서 맛있는 음식도 사 먹고, 사고 싶은 물건도 사고, 씨름 난장에서 씨름도 벌이고 하면서 하루를 재미나게 노는 날이지.

그래서 "백중날 일 시키면 일 년 내내 중얼거린다."는 말이 있단다. 일꾼이 무어라고 중얼거리겠어. 단 하루 편히 노는 날 일을 시켰으니 불평을 안 할 수 없겠지.

백중이 돌아오면 일꾼들은 마음속으로 셈하며 기다리는 것이 있지. 남의 집에서 일을 하는 머슴들이 상여금을 타는 날이거든. 일 년 동안 받는 품삯 말고 특별히 보너스를 받는 거지. 일을 잘하는 일꾼은 두둑하게 돈을 받고 새 옷을 얻어 입기도 하는데, 누구누구네 일꾼은 얼마를 받았다 하여 화제가 되기도 하지.

　우리 집에도 일꾼이 있는데 '중간이 아저씨'라고 하지. 아저씨는 떠돌이 일꾼이었는데 일도 잘하고 성실하여 우리 집에 눌러 있기로 했어. 도통 말이 없고 그저 소처럼 묵묵히 일만 하는 사람이야. 고향이 어디인지, 가족이 있는지 통 말을 안 하니 알 수가 없어.

아저씨는 웃는 모습이 꼭 아이 같아. 아이들을 무척 좋아하고.

은행정 아이들은 방학 동안 풀을 베어 퇴비를 만들거든. 아침저녁으로 여럿이 모여 풀을 베어서 넓은 거름터에 쌓는 거야. 그 풀이 썩으면 아주 좋은 거름이 되는데, 아이들은 그 거름을 팔아서 돈을 마련하는 거지. 돈이 왜 필요하냐고? 거름을 팔아서 모은 돈으로 축구공을 사는 거야. 가을에 곡식을 거두고 난 빈 밭에서 뻥뻥 공을 차거든. 공 값이 비싸니까 그것을 사려고 여럿이 거름을 만든 거지.

중간이 아저씨는 점심나절 쉴 틈에 풀을 한 짐씩 해서 아이들 거름터에 쌓아 주지. 누구네 집에 오줌이나 재가 남으면 그것을 져다가 거름에 섞어 주는 거야. 그러면 풀이 잘 썩어 좋은 거름이 되거든.

## 벼는 버리는 게 하나도 없어요

벼에서 얻어지는 것은 나락과 볏짚이에요. 볏짚은 벼의 낟알을 떨어낸 줄기를 말하는데, 소의 여물이나 땔감으로 쓰기도 하고, 가마니, 멍석, 삼태기, 씨오쟁이 같은 농가에서 쓰는 여러 가지 물건을 만들기도 해요. 또 벼의 겉껍질인 왕겨는 불에 태우거나 물에 불려 퇴비로 쓰지요. 속껍질인 쌀겨는 기름을 짜기도 하고, 가축의 사료나 거름으로 쓰기도 해요.

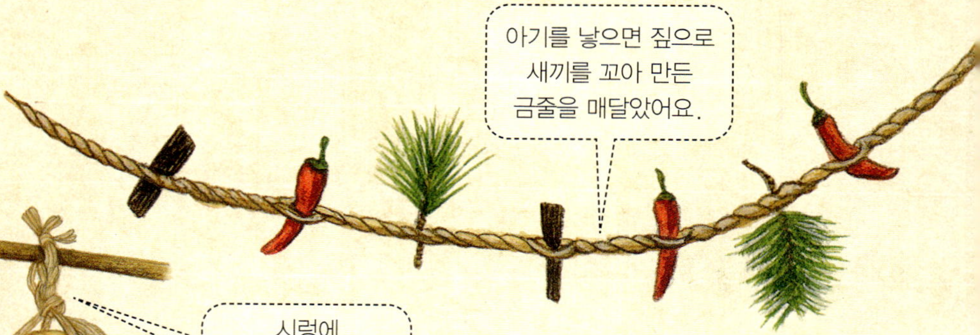

아기를 낳으면 짚으로 새끼를 꼬아 만든 금줄을 매달았어요.

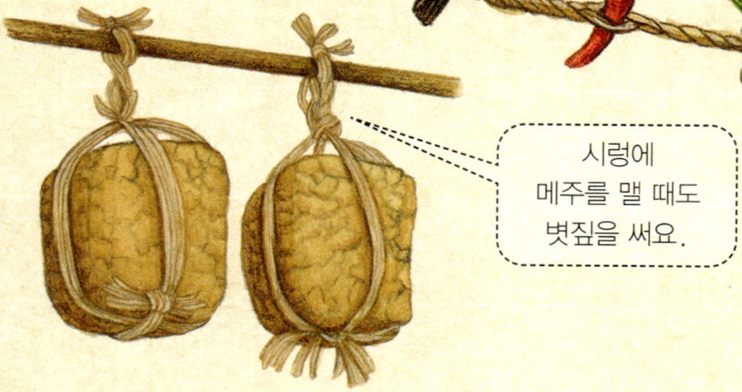

시렁에 메주를 맬 때도 볏짚을 써요.

볏짚으로 필요한 물건들도 만들어요.

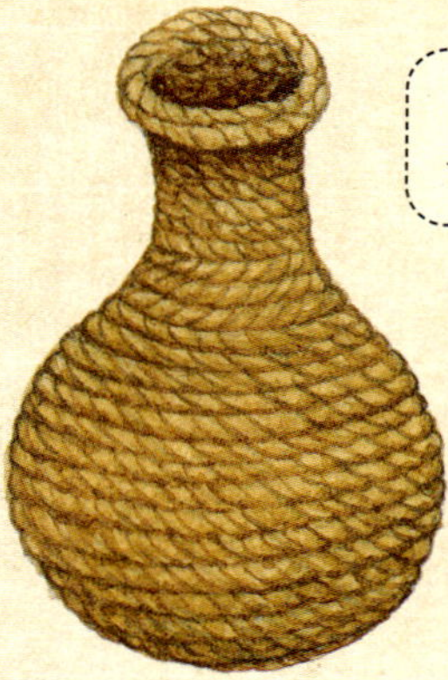

씨오쟁이 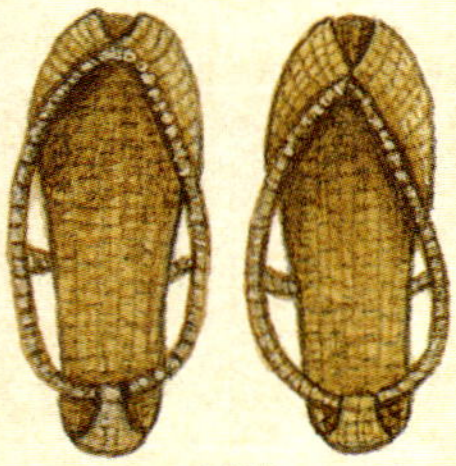　　　짚신 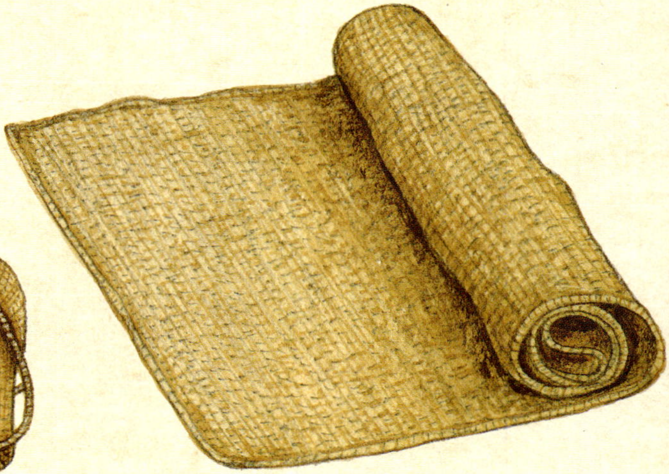　　　멍석

## 벼가 좋아하는 거름

식물이 잘 자라려면 땅이 기름져야 해요. 그래서 땅에 거름을 주지요. 거름 재료는 똥, 오줌, 썩은 식물 따위가 있어요. 예전 농가에서는 풀을 베어다 오줌이나 재를 섞고 이걸 썩혀서 거름을 만들었어요. 지금은 화학비료를 주로 사용해요. 하지만 화학비료보다는 천연 거름을 만들어 쓰는 게 좋아요. 그래야 땅이 건강해지고, 그 땅에서 자라는 벼도 건강하지요.

### 천연 거름 만들기

**1** 여러 가지 음식물 찌꺼기, 썩어서 못 먹게 된 채소와 과일, 밭에서 뽑은 풀, 나무에서 떨어진 잎을 모아요.

**2** 여기에 숯, 왕겨, 볏짚 등을 잘게 부수어서 넣으면 좋아요.

**3** 재료들을 그늘진 곳에 모으고 모두 섞어요. 설탕물을 조금 뿌리면 발효가 더욱 잘 돼요. 그런 다음 거름을 비닐로 덮어서 물이 들어가지 않게 하고 온도를 따뜻하게 유지해 줘요.

**4** 몇 달 지나면 잘 삭아서 부슬부슬한 퇴비가 되지요. 좋은 퇴비는 나쁜 냄새가 나지 않고 구수한 냄새가 나요.

# 어거리 풍년일세

오, 저 들녘 좀 바라봐. 온통 누런 빛깔로 가득 채워졌지. 한겨울에는 회색빛의 빈 들판이었는데, 봄과 여름을 거치면서 곡식들이 가득 채워져 푸른빛이었다가 이제는 황금빛이 되었어.
 황금빛 들녘! 농부들은 들에 나가면 절로 흥이 나고, 배가 부르지. 곧 벼를 베기 시작하면 온 들판에 풍악 소리가 울려 퍼지고 풍년가를 부를 거야.

> 덩더리쿵 덩더리쿵
> 이 논에도 풍년
> 저 논에도 풍년일세
> 한 논 베고 두 논 베고
> 상일꾼* 풍년에 손품* 났네

*상일꾼 한몫 단단히 할 일꾼을 이르는 말
*손품 손을 놀려 일을 하는 품

덩더리쿵 덩더리쿵
이 밭에도 풍년
저 밭에도 풍년일세
한 밭 거두고 두 밭 거두고
상일꾼 풍년에 허릿병 났네

얼쑤얼쑤 좋구나 좋아
풍년이로구나
너도 좋고 나도 좋고
얼쑤얼쑤 좋구나 좋아

병우 아저씨는 논물을 빼고 벼 베기 준비를 했어. 수확을 할 때는 논바

닥이 꿋꿋하게 말라 있어야 하거든.

　벼 이삭을 만져 보니 묵직하니 알이 아주 실하게 열렸어. 아저씨는 흡족하게 웃었지. 논에는 허수아비들이 줄지어 서 있어. 한가운데 있는 허수아비에게는 아저씨가 여름내 쓰던 밀짚모자를 씌워 주었지. 그 모습이 꼭 아저씨 같아 보여.

　참새들은 짹짹거리며 떼를 지어 몰려다니지. 연하고 통통한 벼 알갱이가 맛있거든. 하지만 어림없지. 피땀으로 지은 벼를 한 톨이라도 빼앗기면 아깝잖아. 이때 벼를 지키는 일은 또래들 몫이지. 학교에서 돌아오면 고구마 한 개를 얼른 먹고 물 마시고 논으로 나가는 거야. 찌그러진 양재기와 참나무 막대기를 가지고. 가운데 논두렁쯤에 서서 참새 떼가 날아오면 막대기로 양재기를 따따따따 마구 두들기는 거지.

후여 후여

오지 마라 오지 마라

우리 어머니 아버지

손톱 발톱 빠지게 농사지은 것

어떤 새가 다 까먹니


후여 후여

저리 가라 저리 가라

우리 나락 까먹으면

씨 국물도 없다

참새 쫓는 일은 쉬운 것 같지만 정말 힘들어. 지루하기도 하고 재미도 없어. 그래서 나중에는 꾀를 부리다가 혼나기도 한단다.

드디어 병우 아저씨네 벼 베는 날이야.

낫을 들고 논에 들어간 아저씨가 벼 포기를 감아쥐는데 한 손으로 다 감을 수가 없을 정도로 굵었어. 출렁거리는 벼 이삭이 아주 무거웠지.

"허허!"

아저씨는 가슴이 뭉클했어. 온 정성을 다하여 가꾼 벼가 이렇게 실하게 열매를 맺으니 고맙고 대견했지. 한 톨 한 톨 익어서 고개를 숙인 벼들이 새삼 소중하게 느껴졌어.

이 한 톨의 낟알을 거두기 위해서 얼마나 고생을 했는지! 흘린 땀이 몇 바가지인지 몰라. 그래서 피땀으로 지은 농사라고 하지.

싹싹, 벼 베는 낫질 소리가 아주 경쾌해. 잘 영근 열매를 거두는 일이라서 힘든 줄 몰라. 모내기나 김매기 할 때는 얼마나 힘든지 그 고통을 이기려고 소리도 하고 북도 치고 풍물을 놀았는데, 지금은 조금도 힘든 줄을 모르겠는 거야.

"허허허. 어거리풍년일세."

이 말은 농부들이 가장 듣고 싶은 말이지. 매우 드물게 농사가 잘된 것을 말하거든.

벼 베기로 가을 수확이 끝난 게 아니야. 벼 이삭이 마르면 탈곡을 해야 하거든.

오늘은 마당질하는 날이야. 곡식의 이삭을 털어서 낟알을 거두는 일이지.

넓은 마당에 탈곡기가 와룽와룽 돌아가고 털린 벼가 쌓여. 수북하게 쌓인 벼를 가마니에 꾹꾹 눌러 담아 묶은 다음, 광에 쌓는 거야. "광에서 인심 난다."는 속담이 있지. 자기 살림이 넉넉해야 남을 동정하거나 돕게 된다는 말이지. 추수를 하여 광에 벼가 가득하니 이제 남을 도와주어도 되겠지.

이삭을 턴 짚은 단으로 묶어 텃밭이나 빈터에 차곡차곡 쌓는데, 또래들은 짚단을 나르는 일을 도와주지. 짚은 하나도 버릴 게 없어. 이엉을 엮어 지붕을 이고, 겨울에 땔감으로 쓰고, 타고 남은 재는 거름으로 쓰고, 또 새끼를 꼬아 여러 가지 물건을 만든단다.

싱글벙글 입을 다물지 못하는 병우 아저씨 이야기 좀 들어 볼까.

허허허. 그냥 좋네, 좋아. "떠드는 잔소리에서는 쌀이 생겨나지 않는다."고 하지. 묵묵히 소처럼 일해 준 일꾼들이 고맙고 고마워!

수확을 했으니 이제 첫 방아를 찧어서 햅쌀로 밥하고 떡을 해서 조상님께 차례 올리고, 우리 식구들도 햅쌀로 지은 밥을 먹어야지.

예부터 우리 어머니들은 밥을 아주 잘했지. 세계에서 삼시 세끼 정성껏 밥을 지어 먹는 나라는 우리밖에 없을 거야. 그러니 밥 짓는 기술이 뛰어날 수밖에 없지.

세상에 쌀밥만큼 맛있는 게 없지. 하얀 쌀에 윤기가 자르르하여 기름지고, 부드럽고 향긋하며, 김이 모락모락 나는 밥을 한 입 떠먹으면 혀에 착 감기어 사르르 녹는 듯하고 씹을수록 달콤한 맛이 나지.

세상에 태어나서 날이면 날마다 죽을 때까지 먹어도 질리지 않는 게 바로 쌀밥이지. 여기에 보리나 조, 콩 같은 것을 섞어 먹으면 구수한 것이 더 맛있지.

왜 밥이 맛있을까? 내 밥상에 올라온 밥 한 그릇을 생각해 봐. 쌀 한 톨이 만들어지기까지 땀 흘려 일한 농부를 생각해 봐. 365일 땀과 정성으로 빚은 곡식인데 어찌 맛이 없겠어. 맛있게 잘 먹으면 더 바랄 게 없지.

쌀을 소중하고 맛있다고 칭찬해 주니 내가 으쓱해지는데? "지혜로운 사람이 하는 일은 쌀로 밥을 짓는 것과 같다."고 하였지.

1년 365일 땀 흘려 농사지은 병우 아저씨한테 "귀한 쌀농사를 지어 주셔서 고맙습니다." 하고 인사를 드려야지. 거친 손도 한번 잡아 드리고.

## 쌀로 만드는 음식은 무궁무진해요

쌀로는 무엇을 만들어도 맛이 있어요.
비빔밥, 콩나물밥, 장국밥, 무밥, 김치밥, 굴밥 같은 밥 종류 말고도 잣죽, 팥죽, 아욱죽, 호박죽 같은 죽도 만들어 먹어요. 생일이나 특별한 날에는 쌀로 떡이나 특별한 음식을 만들어 먹었어요. 설날에는 떡국, 정월 대보름에는 약밥, 삼짇날에는 진달래 화전, 한식에는 쑥떡, 추석에는 송편을 만들어 먹었지요. 동지에는 찹쌀로 만든 새알심을 넣어 팥죽을 쑤어 먹지요. 우리나라의 전통 과자인 한과와 전통 음료인 식혜도 쌀로 만들어요.

### 이웃나라의 쌀 요리

벼농사를 짓는 나라는 전 세계에 110개 나라가 넘어요. 그만큼 쌀 요리의 종류도 아주 다양하지요. 일본에는 식초로 간을 한 밥에 생선이나 달걀, 김 따위를 얹은 '초밥', 다모작이 가능한 베트남에는 쌀로 국수를 뽑아 만든 '쌀국수', 이탈리아에는 쌀과 양파, 해산물 등으로 만든 볶음밥의 일종인 '리조토', 스페인에는 쌀밥에 해산물이나 닭고기 등을 넣어 만든 '빠에야'가 있어요.

## 가마솥으로 맛있는 밥 짓기

쌀밥은 만드는 방법이 간단하고, 매일 먹어도 물리지 않고, 소화도 잘 되지요. 필요한 영양소도 거의 다 들어 있는데, 다만 백미는 현미보다 비타민 B1과 무기염류가 다소 부족해요. 하지만 영양가 있는 반찬과 함께 먹으면 충분히 보충할 수 있답니다. 그럼, 이제 가마솥에 맛있는 밥을 지어 볼까요?

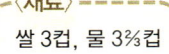
〈재료〉
쌀 3컵, 물 3⅔컵

**1 쌀 씻기** 쌀을 바가지에 담고 물을 부은 뒤 손으로 빠르게 휘저어 헹구어요. 맑은 물이 나올 때까지 몇 번 더 씻어요.

**2 쌀 불리기** 씻은 쌀에 물을 충분히 붓고 여름에는 30분, 겨울에는 1시간 정도 불려요.

**3 밥물 맞추기** 불린 쌀의 물기를 빼고 쌀의 1.2배~1.5배의 물을 부어 밥물을 맞춰요.

**4 끓이기** 처음에는 센 불로 끓이다가 밥물이 끓고 밥알이 움직이지 않게 되면, 약한 불로 조절하여 15~20분 정도 가열해요.

**5 뜸들이기** 다 끓고 나면 불을 끄고 5분 정도 뚜껑을 열지 말고 뜸을 들여요.

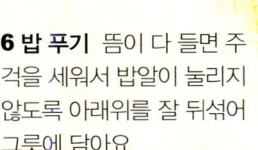

**6 밥 푸기** 뜸이 다 들면 주걱을 세워서 밥알이 눌리지 않도록 아래위를 잘 뒤섞어 그릇에 담아요.

## 쌀은 인류의 생명이야

동산에 올라가 은행정을 내려다봐. 옹기종기 지붕들이 새 옷으로 갈아입었지. 벼를 털고 난 볏짚으로 이엉을 엮어 지붕을 새로 덮었단다. 집집마다 마당질로 먼지가 앉은 집 안을 털고 닦고 대청소를 했지. 문종이가 찢어진 문짝을 떼어 창호지를 다시 발랐어. 밖을 내다보는 색경(거울)을 가운데에 박고, 코스모스 꽃을 두어 장 따서 두 겹 창호지 안에 넣어 발랐지. 분홍 빨강 꽃이 예쁘지.

저 멀리 휘뚤휘뚤 들판을 감아 돌아가는 길에 사람 그림자가 보이지 않아. 들에서 일하던 농부들의 발길이 뚝 끊긴 거야.

가을걷이가 끝나자, 마을에서는 날을 받아 은행을 털었어. 500년 묵은 은행나무에 열매가 주렁주렁 열렸거든. 마을 사람들이 모두 나와 은행을 털고 우물가에서 은행알을 씻었지. 마을 잔칫날처럼 국수를 말아 먹고, 은행나무에 제사도 올렸지. 은행나무는 마을을 지켜 주는 수호신이거든.

오늘은 일요일. 은행정 또래들이 머리를 깎는 날이야. 추위가 오기 전에 몽구리(바싹 깎은 머리)로 깎아야 하거든.

"아이고야, 이놈 머리에 쇠딱지(어린아이의 머리에 덕지덕지 눌어붙은 때) 앉은 것 좀 보게. 한두 겹은 앉았구나. 소죽물로 박박 벗겨 내야겠다."

여름내 들판을 뛰어다니며 뒹굴다 보면 머릿속에 때가 끼어 쇠똥처럼 덕지덕지 딱정이가 앉거든.

찬바람이 불고 은행나무에 노란 잎이 다 떨어져 벌거숭이가 되었어. 늙은 나무는 죽은 듯이 한겨울을 보내고 봄이 오면 신기하게 다시 새 잎을 피우지. 잎이 우거지면 새들이 날아와 고운 소리로 지저귀고, 옹두리(나뭇가지가 부러지거나 상한 자리에 결이 맺혀 혹처럼 불퉁해진 것) 속 구멍에 집을 짓고 여름내 나무숲에서 살지. 그때쯤 농부들은 다시 논밭에 나가 땀을 흘리며 허리 아프게 일을 할 거야. 농사는 한 해만 짓고 끝나는 게 아니지. 해마다 때가 오면, 아니 일 년 365일 계절에 맞추어 땅을 일구고 씨 뿌리고 김매고 가꾸어야 하지.

이제 농사일을 마친 병우 아저씨 이야기를 들어 볼까.


저기 외양간을 보아라. 부사리(힘이 세고 거칠어 머리로 잘 들이받는 버릇이 있는 소) 한 마리가 있지. 지난 장날 장에 가서 사 온 거야. 큰 황소는 너무 늙어서 이제 쉬어야 해. 평생 힘든 일을 했으니 불쌍해서 더는 일을 못 시키

겠어. '소는 농가의 조상'이라고 했지. 소 없이는 농사를 못 짓기 때문에 없어서는 안 되는 큰 재산이지. 그래서 겨울 동안 잘 먹이고 위해 주어야 해.

추워지면 사랑방에서 가마니도 짜고 새끼도 꼬아야지. 지난 일 년 농사 짓던 일을 옛이야기처럼 하고 또 해도 재미있거든.

아, 그리고 내가 이야기해 주었던 세 도깨비는 어떻게 되었는지 궁금하지? 세 도깨비는 깜짝 놀랄 선물을 아직도 구하지 못해서 도깨비굴에 들어가지 못했지. 도깨비들이 가을에 주운 도토리로 만날 묵을 만들어 먹을

텐데, 세 도깨비는 못 먹으니 얼마나 먹고 싶겠니.

그래서 빈둥거리며 놀면 안 되는 거야. 아마 세 도깨비는 한데서 찬바람을 맞으며 배고파 할 거야. 내가 도깨비들이 좋아할 깜짝 놀랄 선물을 알고 있는데 가르쳐 줄까, 말까? 그게 뭐냐고?

도깨비들은 떡국도 무지 좋아하거든. 그러니 쌀을 한 말 지고 가면 도깨비 대장이 놀라 자빠질 거야. 그런데 피와 땀으로 만든 쌀을 도깨비에게 줘야 할지는 고민해 봐야겠어, 후후!

도깨비도 쌀을 좋아하는구나. 아, 그러고 보니 가난한 사람을 위해서 쌀을 담는 독을 '도깨비 쌀독'이라고 하지. 신통력 있는 도깨비장난처럼 퍼 가도 퍼 가도 쌀독이 비지 않으니 말이야. 그만큼 사람들의 인정이 메마르지 않은 거지.

이제 쌀 이야기, 쌀농사 이야기를 마쳐야 해.

쌀은 인류의 양식이야. 곧 인류의 생명이라고 할 수 있지. 그리고 가장 강한 에너지지. "밥심으로 산다."고 하거든. 밥을 먹으면 힘이 나서 기운이 솟아 무슨 일이든지 거뜬히 할 수 있으니까. 그러니 더없는 보약이기도 하지. 이제부터 엄마가 정성껏 지어 주는 밥을 맛있게 먹어야 해. 삼시 세끼 꼭꼭! 그럼 나 쌀은 정말 행복할 거야.

## 논이 겨울잠을 자요

벼를 거둔 논은 텅 비어 있어요. 봄여름엔 푸른 운동장 같았지요. 푸른빛이 황금빛으로 물들고, 익은 벼를 거두자 회색빛이 되었어요. 하지만 논은 빈 것이 아니에요. 잠시 숨을 고르며 내년 봄을 기다리고 있는 거예요. 새봄이 오면 다시 농부의 발자국 소리를 들으며 물과 햇빛과 바람, 그리고 씨앗을 품어 키우고 열매를 맺을 거예요.

겨울 동안 텃논은 아이들의 놀이터예요. 논바닥에서 공도 차고, 활쏘기 놀이도 하고, 눈싸움도 하고, 연도 날려요. 물을 가득 채운 논에 얼음이 얼면 썰매도 타고, 팽이치기를 하기도 하지.

### 벼농사는 언제부터 지었을까?

우리나라의 벼농사는 약 4,500~5,000년 전 중국으로부터 전해졌다고 해요. 가장 오래된 볍씨는 한강 유역인 고양시 일산 가와지 유적(약 5,000년 전)과 김포 가현리 유적(약 4,200년 전)에서 나왔어요. 1976년에 여주 흔암리에서 3,000년 전 것으로 추정되는 불탄 쌀이 발굴되었어요.

모내기는 《고려사》에서 고려말 공민왕 18년(1292)에 씨 대신 모를 키워 심는 모내기 재배법이 사용되었다고 기록되어 있어요. 그 이전에는 모내기를 하지 않고 씨를 논에 바로 뿌리는 직파법 농사를 지었는데, 잡초가 많이 나고 포기가 많이 뻗지 않아서 모내기 재배를 하게 되었답니다.

### 병충해가 무서워

벼이삭이 알차게 여물려면 병들지 않고 해충의 피해를 입지 말아야 해요. 그런데 벼를 괴롭히는 병도 많고, 못살게 구는 해충도 많아요. 병으로는 도열병, 잎집무늬마름병, 줄무늬잎마름병, 오갈병을 앓기도 해요. 그래서 병을 막기 위해 농약을 뿌리지요.
또한 옛날에는 논에 풀이 자라면 사람이 일일이 손으로 뽑았는데, 요즘은 손이 많이 가서 풀을 죽이는 제초제를 뿌리게 되었어요. 그런데 논에 제초제 같은 농약을 뿌리면 논에 사는 생물이 죄다 죽게 돼요. 당연히 사람 몸에도 좋지 않지요.
그래서 이제는 제초제나 화학비료의 위험성을 인식하고 오리, 우렁이, 미꾸라지를 이용한 유기농법으로 벼농사를 짓는 농민들이 늘어나고 있어요. 건강한 논에서 자란 건강한 벼가 건강한 사람을 만든답니다.

## 쌀의 상징과 문화

시골 농가에서는 쌀을 작은 항아리에 넣어 부엌 한구석에 보관하였어요. 쌀의 영혼인 곡령을 모시는 쌀독이에요. 추수가 끝나면 햅쌀로 바꾸어 넣고, 묵은쌀로 밥을 하여 식구끼리만 먹었어요.

조상에게 제사를 올릴 때는 제사상에 밥을 떠 놓아요. 그 밥을 '메'라고 해요.

지금은 누구나 쌀밥을 먹을 수 있어요. 그러나 예전 가난했던 시절에는 쌀 구경하기 힘들었지요. 이런 말도 있어요. "여자로 태어나 시집갈 때까지 쌀 한 말을 못 먹는다." 예전에는 한 집에 식구도 많았고, 밖에서 일하는 남자들을 먼저 먹여야 된다고 생각했지요. 아이들한테 소원을 말해 보라고 하면 '쌀밥에 고깃국을 배불리 먹는 것'이라고 했어요.

쌀밥을 '이밥'이라고 불렀어요. 쌀처럼 하얗게 핀 나무를 보고 '이팝나무'라고 했어요. 쌀에 대한 간절함 때문이지요.

아낙들이 밥을 하기 위하여 쌀을 물에 씻을 때 한 톨이라도 흘려보내면 '쌀 복 나간다'고 혼쭐이 났지요.

어느 부잣집이 있었어요. 식구와 머슴이 많은 집이라서 끼니마다 밥을 많이 했어요. 밥을 먹고 난 다음 설거지를 하는데, 그 물이 수채로 흘러 내려갔어요. 어느 날, 길을 가던 늙은 스님이 수채로 흘러온 흰 밥알을 보았어요.

"쯧쯧. 귀한 쌀을 이렇게 버리다니."

스님은 밥알 하나하나를 주워 깨끗이 씻어 말렸어요. 날마다 그곳에 가 밥을 주워 왔지요. 말린 밥알을 커다란 독에 넣었어요. 세월이 흘러 양식을 그렇게 낭비한 부잣집이 망했어요. 하지만 스님의 열 개의 독에는 밥알이 가득 찼어요. 스님은 그 밥을 가난한 사람들에게 나누어 주었어요. 이처럼 아무리 부자라도 밥 한 알, 쌀 한 톨을 아끼지 않으면 집안이 망하지요.

고려 후기 문신이며 문학가인 이규보는 이런 시를 읊었어요.

장안 바닥 부잣집의 창고에는
구슬과 패물이 언덕처럼 쌓였고
절구로 찧어 낸 구슬 같은 쌀밥을
말이나 개에게도 맘껏 먹이네

풍년 들어 천 가지 곡식 거둔다 해도
관청에서 거둬 가면 그만 끝이지
어쩔 수 없이 다 빼앗기고 돌아오면
가진 것 하나 없으니
땅을 파 올방개*나 캐 먹다가
굶주려 쓰러지면 구제할 길 없어라

*올방개 연못가에 자라는 풀로, 묵 등을 쑤어 먹음.

이렇듯 일반 백성은 쌀밥 한 번 먹는 것이 평생 소원이었을 거예요. 그러니 오늘날의 우리들은 정말 쌀 복, 밥 복이 터졌지요. 한 그릇 밥 남기기 일쑤이고, 남은 것은 아낌없이 버려 쓰레기가 되지요. 하지만 이러다가 언젠가는 식량이 부족하여 큰 고통을 겪을 수도 있어요.

쌀은 앞 못 보는 아버지의 눈을 뜨게도 했어요. 우리나라 판소리 《심청가》에 보면, 심청은 아버지 심 봉사의 눈을 뜨게 하기 위해 공양미 삼백 석에 팔려가지요. 공양미는 부처에게 바치는 쌀을 말해요. 아버지 심 봉사는 딸의 지극한 효성으로 밝은 세상을 보게 되고, 딸을 다시 만나게 되지요.

시골에서 마당질하는 날, 벼가 수북이 쌓여요. 이때 아이들이 벼를 밟고 지나가면 혼이 나요. "곡식을 밟으면 발이 비뚤어진다."고 하여 절대 가로지르거나 밟지 못하게 하였어요.

이렇듯 쌀 한 톨, 쌀밥 한 알에 담긴 의미는 깊고 오묘해요. 쌀이 그리고 쌀밥이 우리의 삶이고, 생명이고, 문화였어요.

# 쌀과 밥에 관한 속담

"떠드는 잔소리에서는 쌀은 생겨나지 않는다."는 나이지리아 격언이 있어요. 이는 한 톨의 쌀을 얻기 위해서는 일을 해야 한다는 뜻입니다. "쌀독에서 인심 난다."는 우리 속담도 있어요. 이는 자신이 넉넉해야 남을 돕는다는 뜻입니다.
이렇듯 쌀은 일(생산)을 떠올리게 하고, 밥 즉, 먹고 사는 배부름을 떠올리게 하며, 먹을 것을 나누는 인심을 나타내지요. 쌀은 또한 '쌀밥에 고깃국'이면 부족할 것 없는 풍요와 복을 나타내기도 합니다. 쌀과 밥에 관한 속담과 격언을 통해 그 의미를 되새겨 보세요.

### 쌀고리에 닭이라
갑자기 먹을 것이 많고 복 많은 처지에 놓였다는 뜻.

### 쌀독에 거미줄 치다
먹을 양식이 떨어진 지 오래되었다는 뜻.

### 쌀독에 앉은 쥐
부족함이 없이 넉넉한 상태에 놓여 있다는 뜻.

### 쌀독에서 인심난다
자신이 넉넉해야 다른 사람도 도울 수 있다는 뜻.

### 쌀 먹은 개 욱대기듯
좋지 못한 짓을 한 사람이 도리어 거칠게 군다는 뜻.

### 쌀에서 뉘 고르듯
많은 것 가운데 쓸모없는 것을 하나하나 골라낸다는 뜻.

**쌀은 쏟고 주워도, 말은 하고 못 줍는다**
한 번 입 밖에 낸 말은 어찌할 수 없으므로, 말을 조심해야 한다는 뜻.

**쌀 한 알 보고 뜨물 한 동이 마신다**
작은 성과에 노력이나 비용이 지나치게 많이 들어간다는 뜻.

**밥그릇이 높으니까 생일만큼 여긴다**
조금 나은 대접을 받고 우쭐해한다는 뜻.

**밥 먹을 때는 개도 안 때린다**
음식을 먹을 때에는 아무리 잘못한 것이 있더라도 때리거나 꾸짖지 말아야 한다는 뜻.

**밥 빌어다가 죽을 쑤어 먹을 놈**
게으른 데다가 생각이 모자라서 손해 볼 짓만 하는 어리석은 사람이라는 뜻.

**밥 빌어먹기는 장타령이 제일**
체면을 버리면 못 할 것이 없다는 뜻.

**밥 아니 먹어도 배부르다**
기쁜 일이 생겨서 마음이 매우 흡족하다는 뜻.

**밥 위에 떡**
좋은 일에 더욱 좋은 일이 겹쳤다는 뜻.

**밥은 굶어도 속이 편해야 산다**
마음 편히 사는 것이 제일 좋다는 뜻.

**밥은 열 곳에 가 먹어도 잠은 한 곳에서 자랬다**
사람은 거처가 일정해야 한다는 뜻.

**밥을 주는 대로 먹고, 일은 시키는 대로 하라**
무슨 일이나 불평을 부리지 말고 시키는 대로 순종하라는 뜻.

### 밥이 얼굴에 더덕더덕 붙었다
얼굴이 복이 있게 생겨서 잘살 수 있겠다는 뜻.

### 밥 팔아 똥 사 먹겠다
사람이 미련하고 부족하여 어리석은 짓만 한다는 뜻.

### 밥풀 물고 새 새끼 부르듯
일을 매우 쉽게 생각한다는 뜻.

### 밥풀로 새 잡기
도저히 할 수 없는 일이라는 뜻.

### 밥 한 알이 귀신 열을 쫓는다
밥을 충분히 먹고 제 몸을 돌보는 것이 건강을 회복하는 가장 빠른 길이라는 뜻.

### 밥을 치면 떡이 되고, 사람을 치면 도둑이 된다
억울하게 도둑으로 몰린 걸 나타내는 뜻.

### 손에 붙은 밥 아니 먹을까
절로 굴러들어와 이미 자기 차지가 된 행운을 잡지 않을 사람은 없다는 뜻.